Papa, ich kann nicht schlafen

Text von Andrea Erne

Illustrationen von Silke Voigt

Ravensburger Buchverlag

Tobias steht am Fenster und winkt. Mama geht mit ihrer Freundin ins Kino. Sie dreht sich noch einmal um und wirft ihm eine Kusshand zu.
Tobias freut sich. Heute Abend bringt ihn Papa ins Bett und der erzählt immer so lange Gute-Nacht-Geschichten.

Tobias ist überhaupt noch nicht müde. „Papa, spielen wir Ritter?",
fragt er erwartungsvoll. Papa lacht: „Na gut, eine Runde.
Steig auf meinen Rücken."
Sie reiten quer durchs Wohnzimmer. „Noch eine Runde!",
ruft Tobias. Papa galoppiert in die Küche.
„Noch eine Runde", verlangt Tobias. Aber jetzt lässt sich Papa
nicht mehr erweichen. „Ab ins Badezimmer. Auch Ritter müssen
sich die Zähne putzen!"

Tobias schrubbt und schrubbt bis Bläschen aus dem Mund schäumen. „Hör auf, Tobi", sagt Papa schließlich, „du hast ja bald keine Zähne mehr."
Tobias gurgelt und spuckt aus. „Ich muss aber noch das Gesicht eincremen und die Haare kämmen, sonst schimpft Mama morgen!"

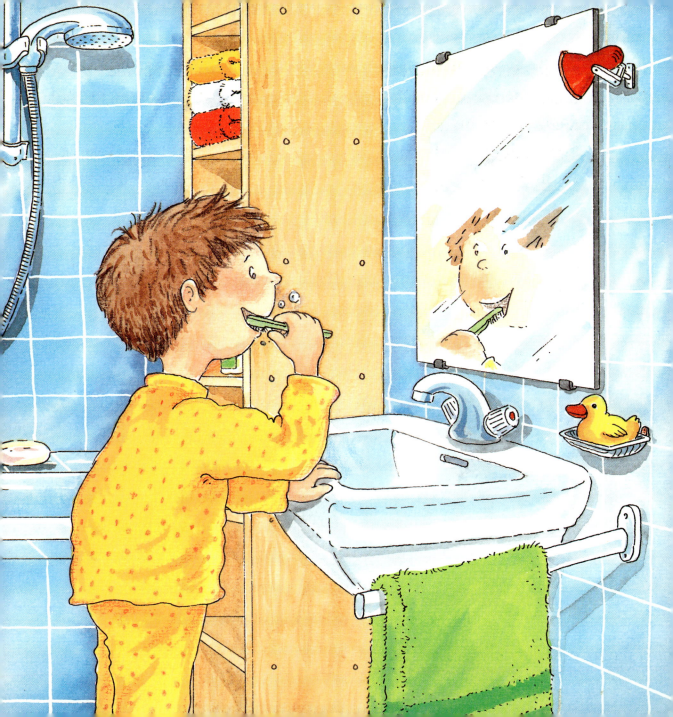

„Papa, lass mich noch einmal um die Burg reiten", bettelt Tobias.
Papa saust ins Wohnzimmer, von dort in die Küche und dann ins
Kinderzimmer. „So, jetzt ist das Pferd müde und der Reiter auch",
sagt Papa und lässt Tobias ins Bett plumpsen.

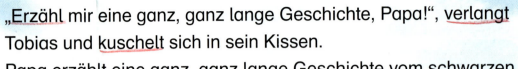

„Erzähl mir eine ganz, ganz lange Geschichte, Papa!", verlangt
Tobias und kuschelt sich in sein Kissen.
Papa erzählt eine ganz, ganz lange Geschichte vom schwarzen
Ritter und vom Burggespenst.
Tobias hält Papas Hand fest umklammert.
„Schlaf gut, mein tapferer Ritter." Papa gibt Tobias einen Kuss.
„Lass die Tür ein bisschen offen", bittet Tobias und kriecht tief unter
seine Decke.

„Papa, ich muss Pipi!", ruft Tobias gleich darauf.

„Ach Tobi, das hätte dir auch früher einfallen können", stöhnt Papa.

Tobias flitzt zum Klo. Als er fertig ist, muss er sich noch gründlich
die Hände waschen – mit viel Seife, wie Mama immer sagt.

Dann hüpft er wieder ins Bett. Papa deckt ihn zu.

„Jetzt schlaf aber schnell, es ist schon spät!"

Tobias kann nicht einschlafen. Er ist noch gar nicht müde.
Da sieht er hinter dem Schrank eine schwarze Gestalt hervorlugen.
„Papaaa, komm schnell!", schreit Tobias und zieht die Bettdecke
über den Kopf.

Papa schaut ziemlich ärgerlich drein, als er ins Zimmer kommt. „Was ist denn nun schon wieder los?"

„Da hinten steht der schwarze Ritter", antwortet Tobias kleinlaut und fängt an zu weinen.

Papa macht das Licht an. „Aber Tobi, das ist doch nur dein Fahrradhelm auf dem Regal."

Tobias schnieft und wischt sich die Tränen ab.

Papa setzt sich auf die Bettkante und deckt ihn wieder zu.

„Morgen, Papa, morgen spielen wir wieder und dann besiege ich den schwarzen Ritter", murmelt Tobias und gähnt.

„Ja, morgen", antwortet Papa und wuschelt Tobias durchs Haar. Er bleibt noch ein bisschen am Bett sitzen. Aber Tobias ist schon eingeschlafen.

Die Schreibweise entspricht den Regeln
der neuen Rechtschreibung.

1 2 3 4   02 01 00 99